Dedicated to
Egypt and Dakar
copyright 2022

IF I AM

SEASONS

then

SO ARE YOU

IF I AM

LOVE

then

SO ARE YOU

IF I AM

NATURE

then

SO ARE YOU

IF I AM

EARTH

then

SO ARE YOU

IF I AM KNOWLEDGE then SO ARE YOU

IF I AM
PEACE
then
SO ARE YOU

IF I AM

DREAM

then

SO ARE YOU

IF I AM

then

SO ARE YOU

IF I AM HEALTH then SO ARE YOU

I AM FIERCE AND SO ARE YOU

I HAVE THE SUN AND SO DO YOU

9 7 9 8 3 5 9 1 4 3 4 7 9